ICE
KITCHEN
50
RECETAS
DE POLOS

sabores sensacionales,
desde frutas
y especias hasta
café, chocolate
y frutos secos

Cesar y Nadia Roden

Fotografía de Adam Slama
Ilustraciones de Peter Roden
y Divya Scialo

BLUME

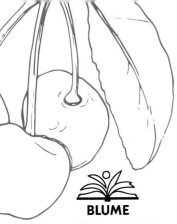

BLUME

Título original
50 Lolly Recipes. Sensations on a Stick

Dirección creativa Helen Lewis
Edición Céline Hughes, Jane O'Shea
Diseño Peter Roden, Gemma Hogan
Traducción Remedios Diéguez Diéguez
Revisión de la edición en lengua española
Ana María Pérez Martínez, Especialista en temas culinarios
Coordinación de la edición en lengua española
Cristina Rodríguez Fischer

Primera edición en lengua española 2015

© 2015 Naturart, S. A. Editado por BLUME
Av. Mare de Déu de Lorda, 20
08034 Barcelona
Tel. 93 205 40 00   Fax 93 205 14 41
e-mail: info@blume.net
© 2014 Quadrille Publishing Limited, Londres
© 2014 del texto Cesar y Nadia Roden
© 2014 de las fotografías Adam Slama
© 2014 de las ilustraciones Peter Roden y Divya Scialo, a excepción
de las guardas y la página 11, © 2014 del diseño Nadia Roden
© 2014 de la tipografía de Ice Kitchen Peter Roden

I.S.B.N.: 978-84-16138-37-1

Impreso en China

WWW.BLUME.NET

Preservamos el medio ambiente. En la producción de nuestros libros
procuramos, con el máximo empeño, cumplir con los requisitos
medioambientales que promueven la conservación y el uso responsable
de los bosques, en especial de los bosques primarios. Asimismo,
en nuestra preocupación por el planeta, intentamos emplear
al máximo materiales reciclados y solicitamos a nuestros
proveedores que usen materiales de manufactura cuya
fabricación esté libre de cloro elemental (ECF) o de metales
pesados, entre otros.

CONTENIDO

¡CARAMBA, 50 POLOS!

Ice Kitchen nació en Londres, en la primavera de 2013, con el objetivo de vender polos artesanales. Tras un fantástico verano en la calle, continuamos experimentando y explorando las infinitas posibilidades de un polo. Esta es una colección de nuestras recetas favoritas, fáciles de preparar en casa e ideales para disfrutar durante todo el año y en cualquier ocasión.

En las siguientes páginas encontrará nuestra historia de tía y sobrino, desde los comienzos en Nueva York hasta las calles de Londres.

No olvide consultar la sección de las técnicas antes de empezar... ¡Incluye muchos consejos útiles!

EL PARAÍSO DE LOS POLOS, DE NUEVA YORK A LONDRES

En el verano de 2009, en Woodstock (Nueva York), me encontré una foto de un polo transparente con una hoja congelada en su interior. Me pareció precioso y desató mi imaginación al instante: todo tipo de sabores y mezclas para convertir en helados. Pensé que era una idea divertida y única, y no pude evitar ponerme manos a la obra. Soy una artista y siempre estoy abierta a las novedades. ¡A veces incluso soy un poco obsesiva!

Mientras Lily, mi hija de dos años, dormía, llené varios cuadernos de bocetos con ideas de combinaciones de sabores y convertí mi cocina en un laboratorio. Llené nuestro *loft* del Soho de congeladores, compré una máquina especial llegada de Latinoamérica y experimenté con todo tipo de sabores y texturas. El reto consistía en sacar lo mejor de cada ingrediente, de que sus características naturales destacasen en un polo. Descubrí que la combinación de dos sabores sacaba lo mejor de ambos; me sentía especialmente feliz cuando encontraba combinaciones sencillas que funcionaban: naranja y limón o leche y miel, por ejemplo. Las hierbas y las especias complementan y aportan complejidad a la fruta: albahaca con melón cantalupo o anís estrellado con pomelo, por ejemplo. Y un toque de limón o de lima intensifica el sabor. También me inspiré en los favoritos de la infancia que mi madre, Claudia (la abuela de Cesar), preparaba: el pudin de pistacho y miel al agua de rosas, por ejemplo, lo convertí en un polo. En otros casos me inspiré en clásicos de todo el mundo, como el jerez español con pasas o la cassata siciliana.

Me matriculé en un curso sobre helados y mantuve en secreto mi plan de los polos. Encontré un precioso carrito de acero inoxidable y lo pinté de negro con topos blancos y una joven

moderna de los años veinte a la que llamé
Lily Lolly y que aparece corriendo con
varios polos en las manos: representaba un
espíritu libre, que era lo que esta aventura
significaba para mí. Y bauticé el negocio
como Lily Lolly's Ice Kitchen. Mi madrastra,
Peggy, vive en Nueva York y fue de gran
ayuda durante el proceso: me gestionó las
licencias y la cocina comercial, y nos buscó
un punto de venta en Herald Square, al lado
de Macy's.

¡Nuestro primer punto en Herald Square
fue un desastre! Había demasiada gente
y teníamos que empujar nuestro pesado
carrito para ir y volver de la cocina
entre un tráfico denso y más de 37 °C de
temperatura todos los días. Nuestro primer
cliente fue un coche de policía: pensamos
que se paró para amonestarnos, pero lo que
querían los agentes era comprar un polo.
En otra ocasión se pararon cuatro coches
de policía en Herald Square y se llevaron
el carrito con una grúa hasta la comisaría.
¡Fue un error, por supuesto! Todos los polos
se derritieron en el trayecto.

Sentí alivio y una gran alegría cuando
mi sobrino Cesar llegó desde Londres para
ayudarme. Además de dominar el carrito,
tiene un gusto estupendo y trabajábamos
juntos en la cocina. Nos ofrecieron un
puesto en el festival de cine semanal de
Bryant Park, empezó a correrse la voz y
High Line Park, una vía férrea elevada
convertida en un parque sobre Manhattan,
nos llamó para pedirnos un carrito. Por
allí pasaba cada día todo tipo de gente;
fue surrealista ver a tantas personas con

nuestros polos mientras paseaban por los espectaculares jardines, y maravilloso ver sus reacciones cuando los probaban. Ahora las colas ante nuestro carrito son larguísimas.

Cesar y yo continuamos creando nuevos sabores. Para responder a la gran demanda en High Line, me pasé varios meses en la cocina, muchas veces hasta media noche. Por desgracia, Cesar no pudo ampliar su visado y tuvo que regresar a Londres.

Al verano siguiente aparqué el proyecto; quería dedicar más tiempo a mi hija Lily. Estaba creciendo y no quería perderme los veranos con ella. Mientras tanto, Cesar trabajó para que nuestros polos artesanales funcionasen en Londres a pesar del clima británico. Cuando me llamó para comunicarme que estaba listo, me emocioné mucho y le envié nuestro carrito, el congelador rápido y algunas recetas. Cesar se quedó con el nombre de Ice Kitchen, y su hermano Peter diseñó el nuevo material gráfico y el logo; ¡el mío era demasiado femenino con los topos y la joven de los años veinte! Me encanta la visión de Cesar y lo que consiguió con Ice Kitchen en su primer verano en Londres. ¡Estoy muy orgullosa de él!

Este libro surge de la colaboración y ofrece una colección de recetas de nuestras experiencias en Nueva York y Londres, además de muchas de las que creamos durante un invierno experimentando y probando.

Nadia Roden

HA NACIDO ICE KITCHEN

Comencé mi primera aventura culinaria con Liam, un compañero de estudios y amigo. Vendíamos café, chocolate y helados en diferentes mercados de Londres, en nuestra furgoneta Piaggio de tres ruedas. Fue una gran experiencia, pero al final nunca conseguimos buenos puntos de venta y acabamos vendiendo la furgoneta.

Regresé de Nueva York con el deseo de presentar en Londres nuestros polos artesanales especiales, ya que sabía que nadie más los elaboraba como nosotros, y esperaba que con esta opción conseguiría eventos. Convertí la cocina de la planta superior de la casa de mis padres en Ice Kitchen con el equipo que Nadia me había enviado y comencé a experimentar inmediatamente. No olvidaba el trabajo que nos había costado sacar adelante un puesto en Nueva York: cocinar, remover, sumergir en chocolate, espolvorear con frutos secos, envolver, etiquetar y empaquetar. Pero estaba ávido por salir y demostrar a Londres lo bueno que puede ser un helado. Al final, toda la casa acabó llena de congeladores, carritos y cajas de frutas. ¡Mis padres se estaban volviendo locos!

Mi primer punto de venta fue en South Bank, durante el fin de Semana Santa, y empezó a nevar. Solo vendí diez polos; la mayoría de la gente se reía cuando pasaba y me veía allí, temblando y

tratando de no espantar a los clientes potenciales. Me preguntaba si la decisión había sido acertada, pero por suerte el verano resultó ser uno de los más calurosos y empecé a llegar a casa con el carrito vacío y un bronceado natural.

Comer en la calle se ha convertido en una actividad popular, y la cultura de la comida callejera es hoy muy popular en Londres. Me uní a Kerb, un colectivo de vendedores ambulantes de comida que hacen que las ciudades «sepan mejor» repartiéndose por todo Londres y organizando eventos propios. Kerb supone un auténtico apoyo y desprende un auténtico ambiente de comunidad que se preocupa por la calidad de los alimentos. Me encanta formar parte de la comunidad de vendedores callejeros y poder recibir los comentarios directos de los clientes.

Mi mejor punto se encuentra en el mercado South Bank Real Food. Creo que no existe un lugar mejor para disfrutar en las tardes de verano de un polo de mojito mientras se pasea junto al río.

Me divertí mucho trabajando con Nadia en la cocina; es una maga que crea polos muy originales. Este libro es un auténtico asunto de familia, y hemos tenido la suerte de contar con varios miembros. Mi hermano Peter diseñó la cubierta y el material gráfico con su novia, Divya, cuyas ilustraciones decoran todo el libro. Nuestro amigo Adam fotografió los polos. A nuestras familias les encantan todas las recetas de este libro y espero que a usted también.

LAS TÉCNICAS

CONCEPTOS BÁSICOS

PROPIEDADES DE UN POLO

Una pizca de sal puede realzar el sabor, incluso si se trata de un polo de frutas.

Las mezclas para los polos no se baten como las de los helados y los sorbetes. Su textura es sólida y se deshacen rápidamente en la boca.

La congelación disminuye el dulzor; por tanto, elabore la mezcla un poco más dulce de lo que le gustaría. Normalmente utilizamos azúcar granulado natural, pero sirven otros edulcorantes: azúcar moreno, miel, jarabe de ágave, jarabe de arce o estevia. Los jarabes y la miel, además, suavizan la textura.

Un poco de alcohol aporta una agradable textura suave pero el exceso dificulta la congelación, ya que posee un punto de congelación bajo. Entre 2 y 5 cucharadas para 10 helados es suficiente. Una gran idea consiste en sumergir los polos en alcohol (ron, vodka, por ejemplo).

Elija frutas de temporada muy frescas y muy maduras. Nosotros añadimos unas gotas de limón o lima a casi todos los polos de fruta, ya que realzan su sabor. Cuando añada ralladura de cítricos, utilice el rallador más fino y ralle únicamente la parte de color de la cáscara, evitando la membrana blanca (que es amarga).

Infusionar un jarabe de base con hierbas y especias complementa y aporta complejidad a las frutas. No obstante, las especias tienen un sabor más intenso al congelarse; utilícelas con moderación.

Utilice leche entera, crema de leche y yogur entero y frescos, así como chocolate, té, frutos secos, hierbas, especias y flores de la mejor calidad.

UTENSILIOS NECESARIOS

Balanza de cocina

Batidora potente o
robot de cocina para
batir las frutas

Cucharas medidoras

Tamiz fino para
colar los sólidos (por
ejemplo, las semillas)

Cazo pequeño o mediano
para preparar almíbares
y jarabes sencillos, cocer
frutas y calentar leche

Exprimidor para
limones y naranjas

Tabla de cortar y cuchillo
para trocear frutas, frutos
secos y chocolate

Rallador fino para limones
y naranjas

Moldes para polos
(*véase* pág. 18)

Palos para polos

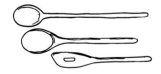

Espátula o cuchara de
madera para remover
las mezclas al fuego
o cuando se pasan por
el colador

LA PARTE DIVERTIDA

DIVERSIÓN CON MOLDES

Existen muchos moldes con diferentes formas y tamaños, de plástico, metal o silicona. Para todas las recetas de este libro hemos empleado un molde para 10 polos de 70 ml. También puede comprar poleras (muy caras) que congelan un polo en solo 15 minutos. Dé rienda suelta a la creatividad y utilice otros recipientes a modo de moldes: tazas de papel encerado, vasos para chupitos, vasos tubo o incluso cubiteras. Solo tiene que asegurarse de que la parte superior del molde no sea más estrecha que el fondo; de lo contrario, no podrá sacar los polos.

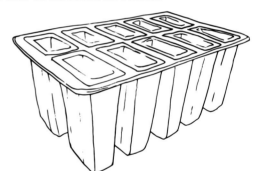

DIVERSIÓN CON LOS PALOS

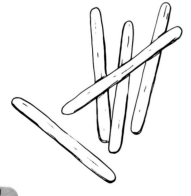

Los palos de madera son los mejores, ya que el polo se agarra con firmeza al material. Debería comprarlos en grandes cantidades; son baratos y siempre los tendrá a mano. También puede ser imaginativo y utilizar ramitas limpias, ramitas de bambú o canela en rama, o incluso palillos de dientes en una cubitera. Para que los palos se mantengan en su lugar, conviene tapar la parte superior de los polos con papel de aluminio y cortar una pequeña abertura donde desea colocar el palo. A continuación, introduzca los palos a través del papel de aluminio.

RAYAS Y REMOLINOS

Para disponer los sabores en capas a rayas, congele parcialmente la primera capa antes de añadir la siguiente. Se tarda un poco más (tendrá que esperar entre 30 y 60 minutos por capa), pero el resultado es ideal para ocasiones especiales. Añada el papel después de la segunda o la tercera capa. Para crear una raya inclinada, apoye el molde sobre una bolsa de guisantes congelados de manera que la mezcla se congele en ángulo. ¡Todos desearán saber cómo lo ha hecho!

Para crear remolinos, vierta en el molde capas alternas de dos mezclas espesas, o una ligera y otra densa, y remueva ligeramente con un palo antes de congelar.

INGREDIENTES EN SUSPENSIÓN

Es posible suspender en un polo, si la mezcla es espesa, trozos de frutas, bayas pequeñas, frutos secos, trozos de chocolate, flores comestibles, hierbas y muchos otros ingredientes. Si la mezcla no es espesa, llene el molde hasta la mitad y congele un poco antes de añadir el ingrediente en suspensión. De ese modo evitará que se hunda hasta el fondo. También puede pinchar algunos ingredientes en el palo a modo de sorpresa oculta.

DECORACIONES
Y COBERTURAS

● Ponga en un plato o en un cuenco o sobre la superficie de trabajo, coco en copos, frutos secos picados, semillas o galletas picadas y pase por encima los polos.

● Espolvoree los polos con especias molidas (canela, pimienta o cacao, por ejemplo).

● Para cubrir un polo con chocolate, asegúrese de que esté bien congelado. Ponga 100 g de chocolate y 1 cucharada de aceite vegetal o de coco en un cuenco refractario (el aceite evita que el chocolate se cuartee una vez congelado) sobre un cazo con agua apenas agitándose. Remueva el chocolate hasta que se derrita; si lo desea, añada en esta fase frutos secos o coco picados, o bien aromatizantes como ralladura de naranja. Retire del fuego y deje enfriar a temperatura ambiente. Para cubrir un polo con chocolate, asegúrese de que esté bien congelado. Podrá volver a congelarlo sobre papel encerado hasta que esté bien firme o bien consumirlo inmediatamente.

● Para cubrir un polo con frutos secos tostados, precaliente el horno a 180 °C. Extienda los frutos secos o coco (deshidratado o en copos) en una placa de horno y tuéstelos; deles la vuelta con una cuchara una o dos veces y retírelos al cabo de 10 minutos o cuando estén ligeramente tostados. Deje enfriar y píquelos si es necesario.

SUGERENCIAS DE PRESENTACIÓN

Tal vez desee impresionar a sus invitados en una ocasión especial.
Los polos quedan estupendos en una fuente con cubitos de hielo o hielo
picado; puede decorar el hielo con frutas cortadas o velas flotantes.
Otra alternativa es servirlos en un cuenco lleno de hielo con bengalas.

¿Y qué me dice de un cuenco individual o comunitario para mojar
con copos tostados de coco, frutos secos o chocolate derretido (*véase*
pág. anterior). También puede ofrecer vasitos individuales con alcohol
para mojar los polos (ron, vodka o cava, por ejemplo).

Ocasiones especiales
Puede preparar polos con capas de diferentes frutas, sabores y colores
para ocasiones especiales: por ejemplo, un rojo arándano para Navidad.

Bodas o veladas románticas
Las flores y las hierbas comestibles quedan muy bonitas dentro de un
polo (*véase* pág. 19).

Postres
Los polos de licor de bayas o de jerez dulce y uvas pasas son ideales
como postre después de una cena. Al final de una comida pesada,
los polos de clementinas, vino blanco y rosas; pepino y lima, o pomelo
y anís estrellado son los más recomendables.

Fiestas
Los polos de mojito, pomelo rosa y Campari, y sandía empapada son ideales.
La mayoría de los polos a base de frutas se pueden remojar en un cóctel.

Actividades al aire libre
Los polos son perfectos para las fiestas al aire libre y las barbacoas
(*véase* pág. 23, consejos para transportarlos).

Niños
A los niños les gustan los polos de leche y miel; naranja y limón;
cerezas y grosellas; leche con cereales; leche a la menta; pastel
de queso y naranja y chocolate. ¡Estos son los que más le gustan
a nuestra Lily Roden!

EL PROCEDIMIENTO

CONSEJOS ESENCIALES

1 Llenar los moldes
Cuando vierta la mezcla en los moldes, deje unos 5 mm en la parte superior para que la mezcla disponga de espacio para expandirse cuando se congele. *Véase* también pág. 18.

2 Introducir los palos
Algunos moldes cuentan con una bandeja metálica a través de la cual se introducen los palos. En ese caso asegúrese de que queden bien rectos; de lo contrario, tendrá muchas dificultades para retirar la bandeja cuando desee desmoldar los polos. Nosotros preferimos utilizar este método: deje los moldes sin cubrir en el congelador aproximadamente 1 hora (no se olvide de ellos, a nosotros nos ha pasado muchas veces) y después introduzca los palos, que permanecerán rectos. Como alternativa, utilice el truco del papel de aluminio (*véase* pág. 18).

3 Congelar
Ponga el congelador a la temperatura más fría. Cuanto más rápido se congelen los polos, más pequeños serán los cristales de hielo, por lo que quedarán más cremosos. Ponga los moldes en la parte trasera del congelador, donde la temperatura es más baja. Tardan de 4 a 8 horas en congelarse; depende de los ingredientes que se utilicen. Cuanto mayor sea la proporción agua-azúcar, más rápidamente se congelarán. El alcohol ralentiza el proceso, y si se excede obtendrá polos poco consistentes. Existen poleras que congelan los polos en 15 minutos; si es muy impaciente, serían una opción.

4 Desmoldar

Sumerja los moldes con cuidado en agua caliente (nosotros lo hacemos en el fregadero) durante 10-20 segundos. Asegúrese de sumergirlos sin llegar al borde superior y después tire de los palos. Si los polos no salen, es posible que necesiten una segunda inmersión. Si utiliza moldes individuales, puede pasarlos bajo el chorro del agua caliente y después tirar de los palos.

5 Comer o guardar

Disfrute de sus polos inmediatamente o guárdelos en bolsitas para congelar o bolsas de papel encerado, en el congelador. Asegúrese de que queden herméticas para evitar que se formen cristales de hielo o sabor a «congelador». También puede guardarlos en sus moldes hasta que vaya a consumirlos, pero conviene que no pase demasiado tiempo porque están mucho más ricos durante la semana de su elaboración.

6 Transportar

Utilice bolsas térmicas o una nevera portátil para transportar los polos. Cuantos más transporte, más tiempo durarán congelados. Si va a realizar un trayecto muy largo, tal vez le convendría comprar un bloque de hielo seco, que los mantendrá congelados durante varias horas.

LOS POLOS

NARANJA Y LIMÓN

Esta es una de las combinaciones más sencillas y refrescantes, además de ser muy sabrosa. El sabor mejora considerablemente si elige las naranjas más frescas y dulces, y las exprime en casa.

- ralladura muy fina de 1 naranja
- 75 g de azúcar granulado
- 4 cucharadas de agua
- 600 ml de zumo de naranja recién exprimido (de unas 6 naranjas)
- 80 ml de zumo de limón recién exprimido (de unos 3 limones)

Ponga la ralladura de naranja, el azúcar y el agua en un cazo pequeño y lleve a ebullición a fuego lento. Deje cocer a fuego lento hasta que el azúcar se disuelva y después añada al almíbar el zumo de naranja y limón.

Vierta la mezcla en los moldes. Deje 5 mm libres en la parte superior para permitir que la mezcla se expanda durante la congelación. Introduzca los palos y congele. En la página 22 se explica el procedimiento completo.

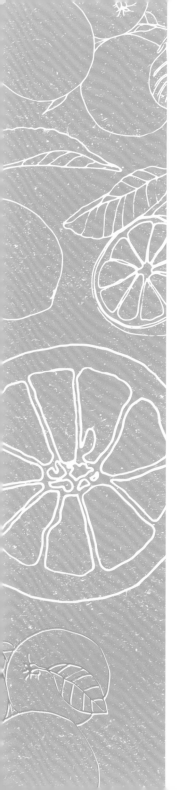

FRAMBUESA Y LIMA

Este es un polo agridulce, con un sutil toque de lima. Nosotros no colamos las semillas de frambuesa, y la mayoría de los clientes no tienen ningún problema al respecto (de hecho, el aspecto les encanta). Si prefiere una textura sedosa, recomendamos que pase la mezcla por un tamiz fino.

- 210 g de azúcar granulado
- ralladura muy fina de 1 lima
- 300 ml de agua
- 500 g de frambuesas lavadas
- 2-3 cucharadas de zumo de lima recién exprimido

Ponga el azúcar, la ralladura de lima y 100 ml de agua en un cazo pequeño y lleve a ebullición a fuego lento. Deje cocer a fuego lento hasta que el azúcar se disuelva.

Ponga las frambuesas en la batidora con el almíbar de lima y el resto de agua, y reduzca a puré. Añada 2 cucharadas de zumo de lima y pruebe para asegurarse de que esté suficientemente ácido. Si no es así, añada un poco más de zumo para conseguir el equilibro en dulce y ácido.

Vierta la mezcla en los moldes. Deje 5 mm libres en la parte superior para permitir que la mezcla se expanda durante la congelación. Introduzca los palos y congele. En la página 22 se explica el procedimiento completo.

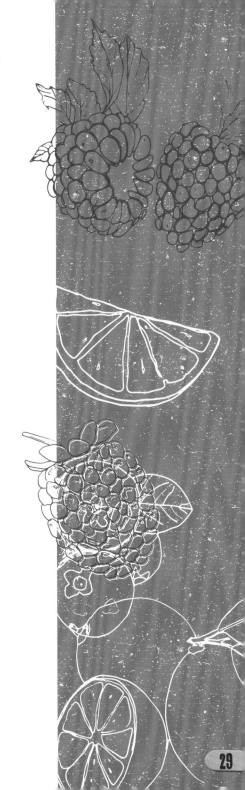

ICE KITCHEN

LIMÓN Y JENGIBRE

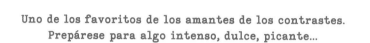

Uno de los favoritos de los amantes de los contrastes.
Prepárese para algo intenso, dulce, picante...
y que le hará fruncir los labios.

- un trozo de jengibre fresco de 7 cm, pelado y finamente picado o rallado
- 800 ml de agua
- 170 g de azúcar granulado
- ralladura muy fina de 3 limones
- 75 ml de zumo de limón recién exprimido (de unos 3 limones)
- 8-10 rodajas de limón muy finas (opcionales)

Ponga el jengibre, el agua, el azúcar y la ralladura de limón en un cazo pequeño y lleve a ebullición a fuego lento. Deje cocer a fuego lento hasta que el azúcar se disuelva. Retire del fuego y deje enfriar el almíbar a temperatura ambiente.

Pase la mezcla por un tamiz fino, presionando bien el jengibre con el dorso de una cuchara para extraer todos los zumos. Añada el zumo de limón.

Vierta la mezcla en los moldes. Deje 5 mm libres en la parte superior para permitir que la mezcla se expanda durante la congelación. Ponga una rodaja de limón (si decide utilizarlas) en cada molde, introduzca los palos y congele. En la página 22 se explica el procedimiento completo.

MORAS

Cuando mi hija Lily y yo pasamos el verano con mi madre, probamos las moras que hay en los caminos hasta que estaban lo suficientemente dulces, y después nos divertimos convirtiéndolas en estos polos bicolores a los que añadimos un toque de crema o yogur. Parecen un cuadro de Rothko.

 8-10

- 500 g de moras
- 130 g de azúcar granulado
- 3 cucharaditas de zumo de lima o limón recién exprimido
- 400 ml de agua
- 6 cucharadas de crema de leche espesa o yogur griego (opcional)

Ponga las moras, el azúcar, el zumo de lima o limón y agua en la batidora y reduzca a puré gradualmente.

Pase la mezcla por un tamiz fino, remueva y presione los sólidos con el dorso de una cuchara para extraer todo el líquido.

Si desea crear las rayas, divida la mezcla de moras en dos mitades. Añada la crema a una mitad y mezcle bien. Vierta suficiente mezcla de moras en cada molde (más o menos un cuarto de su capacidad; en la página 19 encontrará más información para crear rayas).

Congele hasta que la mezcla esté firme (aproximadamente 1 hora) y vierta encima la mezcla de crema. Congele durante una hora más y corone con el resto de mezcla de moras. Introduzca el palo cuando todas las capas se hayan asentado. Debería quedar vertical debido a las últimas capas, que estarán semicongeladas. Deje congelar del todo. En la página 22 se explica el procedimiento completo.

ICE KITCHEN

FRESAS CON NATA

Este clásico queda maravilloso tal cual, pero observe la
transformación con las ingeniosas variaciones que se proponen.

8-10

- 110 g de azúcar granulado más 2 cucharadas
- 125 ml de agua
- 450 g de fresas lavadas, sin el pedúnculo y cortadas en mitades
- 2 cucharadas de zumo de limón recién exprimido
- 40 ml de crema de leche espesa

Ponga los 110 g de azúcar y el agua en un cuenco pequeño y lleve a
ebullición a fuego lento. Deje cocer a fuego lento hasta que el azúcar
se disuelva.

Ponga las fresas, el almíbar y el zumo de limón en la batidora y reduzca
a puré.

Añada las 2 cucharadas de azúcar a la crema de leche, y reparta bien
la mezcla entre los moldes (aproximadamente 1 cucharada por molde) y
vierta encima el puré de fresas. Introduzca los palos y congele. En la
página 22 se explica el procedimiento completo.

Variaciones:
Convierta este polo en un clásico francés añadiendo 5 cucharadas de vino
tinto a las fresas.

Para un toque italiano, añada 2 cucharadas de vinagre balsámico, una
pizca de pimienta y 2 cucharadas de albahaca fresca finamente picada.

Si prefiere un toque exótico, añada 1 cucharada de agua de rosas
a la crema de leche. A mí me gusta añadir 5 cucharadas de jerez
dulce a las fresas.

CIRUELAS ÁCIDAS

Existen innumerables variaciones con ciruelas, y todas quedan bien en un polo. En las pieles está casi todo el sabor, y son las que hacen que queden ácidas cuando se cuecen. Al parecer, existen más variedades de ciruela que de cualquier otra fruta.

- 700 g de ciruelas lavadas, deshuesadas y cortadas en cuartos
- 350 ml de agua
- 100-120 g de azúcar granulado (dependerá del dulzor de las ciruelas)
- 4 cucharadas de zumo de limón recién exprimido
- 4 cucharadas de licor de flores de saúco (opcional)
- 1 cucharada de crema de leche espesa por polo (opcional)

Ponga las ciruelas, el agua, el azúcar y el zumo de limón en un cazo y lleve a ebullición. Deje cocer durante 10-15 minutos, hasta que las ciruelas se agrieten. Retire el cazo del fuego y deje enfriar. Pase la mezcla al vaso de la batidora y añada el licor de flores de saúco (si lo utiliza). Al mezclar, asegúrese de que queden algunos trozos pequeños.

Vierta la mezcla en los moldes. Deje 5 mm libres en la parte superior para permitir que la mezcla se expanda durante la congelación. Puede crear una franja con dos tipos distintos de ciruelas (*véase* pág. 19). Introduzca los palos y congele. En la página 22 se explica el procedimiento completo.

Variaciones:
Las ciruelas claudias combinan muy bien con las flores de saúco: añada 4 cucharadas de licor de flores de saúco. Las ciruelas combinan bien con las almendras: añada 1 cucharadita de extracto de almendra. Una cucharada de jengibre recién rallado aporta un toque muy acertado.

ICE KITCHEN

CANTALUPO Y ALBAHACA

Elija un melón cantalupo aromático y que resulte pesado en relación con su tamaño. Queda estupendo con limón o lima, pero la albahaca fresca aporta complejidad al sabor.

8-10

- 170 ml de agua
- 75 g de azúcar granulado
- 15 hojas de albahaca fresca (opcionales)
- 600 g de melón cantalupo en trozos (aproximadamente 1 melón pequeño)
- 4 cucharadas de zumo de lima o limón recién exprimido

Ponga el agua, el azúcar y la albahaca, si la utiliza, en un cazo pequeño y lleve a ebullición. Deje cocer lentamente hasta que el azúcar se disuelva.

Retire el cazo del fuego y deje enfriar la mezcla a temperatura ambiente. Saque las hojas de albahaca y escúrralas sobre el cazo para aprovechar todos los jugos.

Ponga los trozos de melón en la batidora y reduzca a un puré fino. Añada el almíbar a la albahaca y el zumo de lima o limón, y mezcle de nuevo.

Vierta la mezcla en los moldes dejando 5 mm en la parte superior para permitir que se expanda durante la congelación. Introduzca los palos y congele. En la página 22 se explica el procedimiento completo.

Variaciones:
Pruebe a utilizar menta o estragón frescos en lugar de albahaca.

El melón cantalupo y el melón dulce combinan bien con el jengibre fresco. Añada 2 cucharadas de jengibre finamente rallado al almíbar.

El melón también combina bien con el vino de Oporto: añada 3-4 cucharadas a la mezcla en la batidora.

LICHIS Y HIERBA LIMONERA

Esta receta es un poco laboriosa, pero si le gustan mucho los lichis, se convierte en un trabajo por amor al arte. Siempre es mejor utilizar fruta fresca, pero en este caso puede recurrir a la variedad en almíbar. Este polo posee un sabor muy especial, delicado y característico, y ambos ingredientes destacan por igual.

- 2 tallos de hierba limonera
- 350 ml de agua
- 75 g de azúcar granulado
- ralladura muy fina de 1 lima
- 500 g de lichis (22-25 piezas), pelados y deshuesados
- 2-3 cucharadas de zumo de lima recién exprimido

Corte los tallos de hierba limonera en piezas de 5 mm. Póngalos en un cazo pequeño con el agua, el azúcar y la ralladura de lima. Lleve a ebullición y deje cocer durante 3 minutos a fuego lento para extraer el aroma de la hierba limonera.

Retire del fuego y deje reposar el almíbar 10 minutos como mínimo. Páselo por un tamiz fino y aplaste los trozos de hierba limonera y la ralladura para extraer los zumos.

Ponga la pulpa de los lichis en la batidora y mezcle. Añada el almíbar de hierba limonera y vuelva a mezclar. Filtre de nuevo la mezcla sobre un cuenco, y añada el zumo de lima.

Vierta la mezcla en los moldes dejando 5 mm libres en la parte superior para permitir que se expanda durante la congelación. Introduzca los palos y congele. En la página 22 se explica el procedimiento completo.

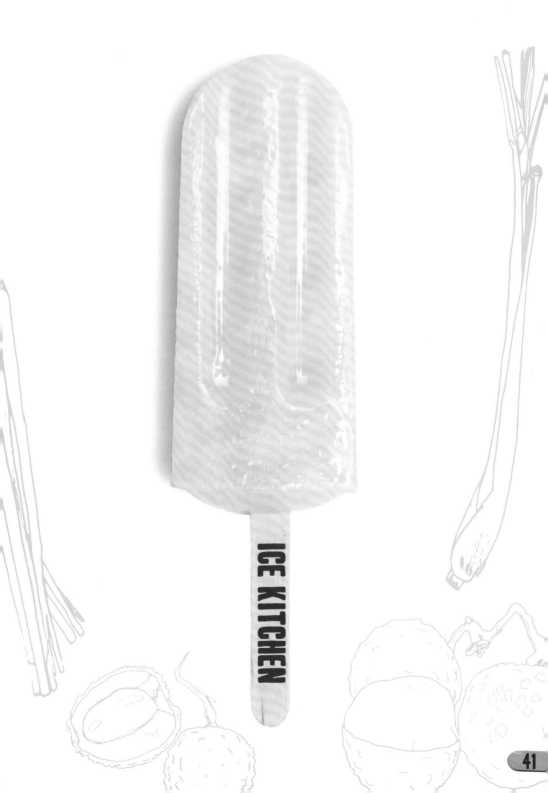

ICE KITCHEN

SANDÍA EMPAPADA

Si se pregunta por qué bautizamos este polo como «empapado»,
es porque sugerimos exprimir una lima por encima inmediatamente
antes de consumirlo. Una mañana, por pura curiosidad, empecé a mojar
este polo en ron blanco. ¡Me pareció tan bueno que no podía parar!
Pruébelo, pero a ser posible por la tarde-noche...

- 4 cucharadas de agua
- 65 g de azúcar granulado
- 700 g de pulpa de sandía sin pepitas y en trozos
- 5 cucharadas de zumo de lima recién exprimido
- una pizca de sal
- 2 limas cortadas en gajos para exprimir sobre los polos
  inmediatamente antes de consumirlos

Ponga el agua y el azúcar en un cazo pequeño y lleve a ebullición. Deje
cocer a fuego lento hasta que el azúcar se disuelva.

Retire el cazo del fuego y deje enfriar el almíbar unos minutos. Mientras
tanto, ponga la sandía en la batidora y bátala. Añada el zumo de lima,
la sal y el almíbar, y vuelva a batir. Si queda alguna pepita, pase la
mezcla por un tamiz fino.

Vierta la mezcla en los moldes dejando 5 mm libres en la parte superior
para permitir que se expanda durante la congelación. Introduzca los palos
y congele. En la página 22 se explica el procedimiento completo.

Exprima los gajos de lima sobre los polos a medida que los consume; si le
gusta, mójelos en ron blanco.

Variación:
Añada un puñado de hojas de menta partidas al almíbar mientras se
calienta. Una vez frío, exprima las hojas con los dedos antes de desecharlas.

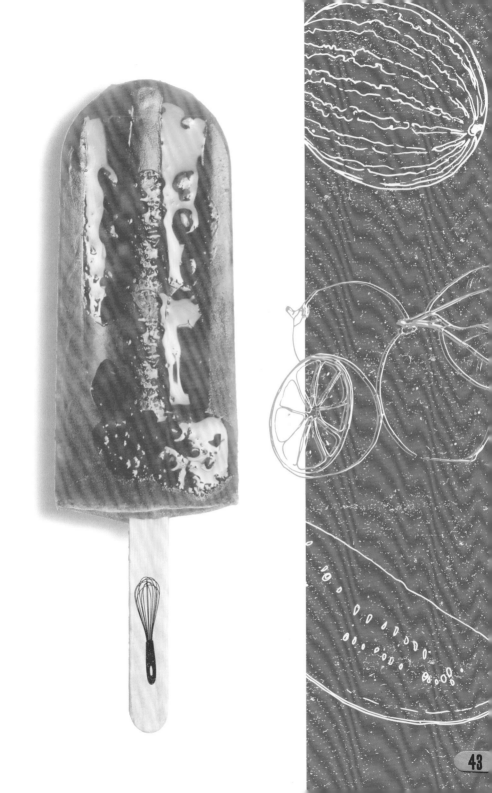

FRESAS Y PIMIENTA

El toque picante de la pimienta negra en un polo de fruta es interesante, pero el extremo superior cubierto de chocolate blanco es una auténtica inspiración. ¡Muy bien, Cesar! ¡Y además queda muy artístico!

- 50 g de azúcar granulado
- 3 cucharadas de agua
- 450 g de fresas lavadas, sin el pedúnculo y cortadas en mitades
- un chorrito de zumo de limón
- 30 granos de pimienta negra molidos o aplastados

Ponga el azúcar y el agua en un cazo pequeño a fuego medio y lleve a ebullición. Deje cocer a fuego lento hasta que el azúcar se disuelva.

Ponga las fresas en la batidora y redúzcalas a puré. Añada el almíbar, el zumo de limón y la pimienta, y mezcle todo.

Vierta la mezcla en los moldes dejando 5 mm libres en la parte superior para permitir que se expanda durante la congelación. Introduzca los palos y congele. En la página 22 se explica el procedimiento completo.

Este polo queda estupendo así, sin más, pero si desea incluir el «gorro» de chocolate blanco, siga las instrucciones de la página 20.

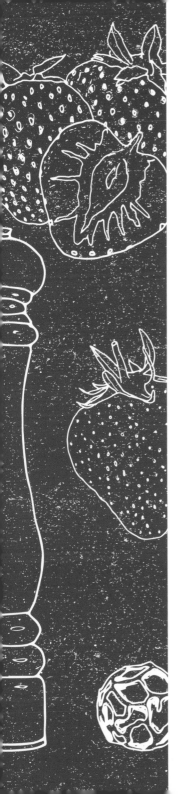

MELOCOTÓN Y NATA

Utilice melocotones aromáticos y firmes, pero maduros.
Están en su mejor momento a mitad del verano. Si se cuecen,
se intensifica el sabor.

- 750 g de melocotones (aproximadamente 4 grandes u 8 pequeños)
- 250 ml de agua
- 100 g de azúcar granulado
- zumo de 1 limón recién exprimido
- 1 cucharadita de extracto de vainilla (opcional)
- 75 ml de crema de leche espesa

Sumerja los melocotones en agua hirviendo y déjelos 2 minutos. Las pieles
se soltarán y le resultará muy fácil pelarlos.

Deshuese los melocotones y córtelos en trozos. Ponga el agua, el azúcar y
el zumo de limón en un cazo amplio y caliente a fuego lento. Deje cocer
hasta que el azúcar se disuelva. A continuación añada los melocotones
troceados. Deje cocer 5 minutos más o hasta que estén tiernos. Retire el
cazo del fuego y deje enfriar a temperatura ambiente.

Ponga los melocotones, el almíbar y la vainilla (si la utiliza) en la
batidora y reduzca a puré. Añada la crema o vierta 1 cucharadita de
crema en cada molde. Vierta la mezcla en los moldes dejando 5 mm libres
en la parte superior para permitir que la mezcla se expanda durante la
congelación. Introduzca los palos y congele. En la página 22 se explica el
procedimiento completo.

Variación:
Para preparar polos de melocotón Bellini, prescinda de la crema y añada
100 ml de cava a la mezcla o sumerja los polos en cava justo antes de
consumirlos.

ARÁNDANOS Y YOGUR

Ahora que los arándanos son tan fáciles de conseguir, su popularidad se ha disparado. Los beneficios para la salud y su sabor son maravillosos, especialmente cuando se mezclan con su viejo amigo: el yogur.

- 300 g de arándanos
- 75 ml de agua más 2 cucharadas
- 65 g de azúcar granulado
- 500 g de yogur griego
- 160 g (8 cucharadas) de miel fluida
- 3 cucharadas de zumo de limón recién exprimido

Ponga en un cazo los arándanos, 75 ml de agua y el azúcar y lleve a ebullición. Deje cocer a fuego lento durante 3-5 minutos, hasta que los arándanos se abran. Retire el cazo del fuego y reserve.

Mezcle en un cuenco el yogur, la miel, el zumo de limón y las 2 cucharadas de agua.

Alterne capas de las mezclas de yogur y arándanos en cada molde; deje 5 mm libres en la parte superior para permitir que la mezcla se expanda durante la congelación. Introduzca los palos y congele. En la página 22 se explica el procedimiento completo.

2% M.F
Plain Yog

o8

ALBARICOQUE Y PISTACHO

Con los albaricoques se obtienen deliciosos polos aterciopelados. Prepárelos en pleno verano, antes de que esta fruta desaparezca del mercado. Elija piezas ligeramente blandas y con un aroma dulce, ya que son las más sabrosas. Esta combinación posee un agradable aire de Oriente Medio.

8-10

- 375 ml de agua
- 130 g de azúcar granulado
- 2 cucharadas de zumo de limón recién exprimido
- 500 g de albaricoques deshuesados, cortados en mitades
- ½ cucharadita de extracto de almendra
- 35 g de pistachos, pelados y picados

Ponga en un cazo mediano el agua, el azúcar y el zumo de limón y lleve a ebullición. Deje cocer a fuego lento hasta que el azúcar se disuelva.

Añada los albaricoques y deje cocer a fuego lento hasta que se agrieten (5-10 minutos). Retire el cazo del fuego y deje enfriar a temperatura ambiente.

Añada el extracto de almendra y los pistachos picados, y mezcle bien.

Vierta la mezcla en los moldes dejando 5 mm libres en la parte superior para permitir que se expanda durante la congelación. Introduzca los palos y congele. En la página 22 se explica el procedimiento completo.

Los polos quedan estupendos si se pasan por un plato con pistachos picados antes de servir (*véase* pág. 20).

Variación:
Puede añadir 175 ml de crema de leche espesa a los albaricoques una vez cocidos; en ese caso, utilice solo 200 ml de agua.

MELOCOTÓN Y ESTRAGÓN

A Cesar le gusta asar los melocotones para estos polos, ya que adquieren un toque ligeramente caramelizado. No es necesario pelarlos, ya que las pieles aportan textura e intensidad. Esta receta también funciona con nectarinas, albaricoques y ciruelas.

8-10

- 200 ml de agua
- 100 g de azúcar granulado
- las hojas de 6 ramitas de estragón fresco
- 750 g de melocotones (aproximadamente 4 grandes u 8 pequeños), cortados en mitades
- 2 cucharadas de zumo de limón recién exprimido
- 2 cucharaditas de extracto de vainilla

Precaliente el horno a 180 °C.

Ponga en un cazo pequeño el agua, el azúcar y las hojas de estragón y lleve a ebullición. Deje cocer a fuego lento hasta que el azúcar se disuelva. Retire el cazo del fuego y deje enfriar mientras asa los melocotones.

Ponga los melocotones en una fuente de horno. Áselos unos 30 minutos o hasta que estén tiernos. Sáquelos del horno y resérvelos hasta que estén lo suficientemente fríos para poder manipularlos.

Deshuese los melocotones y ponga en la batidora la pulpa, el almíbar al estragón, el zumo de limón y la vainilla. Reduzca a puré.

Vierta la mezcla en los moldes dejando 5 mm libres en la parte superior para permitir que se expanda durante la congelación. Introduzca los palos y congele. En la página 22 se explica el procedimiento completo.

ICE KITCHEN

POMELO ROSA Y CAMPARI

Este fue nuestro primer polo. Se convirtió en un sabor asociado a High Line (Nueva York), y continúa siendo uno de los favoritos en el South Bank de Londres.

- 125 ml de agua
- 110 g de azúcar granulado
- 600 ml de zumo de pomelo rosa recién exprimido (aproximadamente de 4 piezas)
- 75 ml de Campari

Ponga en un cazo pequeño el agua y el azúcar y lleve a ebullición. Deje cocer a fuego lento hasta que el azúcar se disuelva. Añada el zumo de pomelo y el Campari.

Vierta la mezcla en los moldes dejando 5 mm libres en la parte superior para permitir que se expanda durante la congelación. Introduzca los palos y congele. En la página 22 se explica el procedimiento completo.

PERAS EN ALMÍBAR Y JENGIBRE

Las peras y el jengibre forman una pareja clásica. Puede utilizar cualquier variedad de pera, como Bosc, Comice, Williams, Anjou o Forelle; nosotros utilizamos casi siempre Comice. Para un toque extra, pruebe a derretir un poco de chocolate negro y rocíelo sobre la mezcla de pera.

8-10

- 200 ml de agua
- 100-120 g de azúcar granulado (dependiendo del dulzor de las peras)
- una pieza de jengibre de 7 cm, pelada y muy picada o rallada
- 875 g de peras (3-4 piezas)
- 3 cucharadas de zumo de limón recién exprimido
- 150 ml de crema de leche espesa o *crème fraîche* (opcional)

Ponga en un cazo amplio el agua, el azúcar y el jengibre hasta llegar a ebullición. Deje cocer a fuego lento durante 3 minutos, retire del fuego y deje enfriar unos minutos.

Pase el almíbar por un tamiz fino y aplaste las piezas de jengibre con el dorso de una cuchara para extraer todos los zumos. Nosotros dejamos algunos trozos de jengibre para conseguir un sabor más intenso.

Pele las peras, retíreles el corazón y trocéelas. Sumérjalas inmediatamente en el almíbar para que no se oxiden. Tape el cazo y deje cocer hasta que estén tiernas (alrededor de 10 minutos). Retire el cazo del fuego y añada el zumo de limón. Deje que las peras y el almíbar se enfríen unos minutos. Ponga los ingredientes en la batidora y reduzca a puré. Incorpore la crema o la *crème fraîche* si utiliza alguna de las dos.

Vierta la mezcla en los moldes dejando 5 mm libres en la parte superior para permitir que la mezcla se expanda durante la congelación. Introduzca los palos y congele. En la página 22 se explica el procedimiento completo.

ICE KITCHEN

CEREZAS Y GROSELLAS

Las cerezas y las grosellas combinadas dan lugar a un capricho agridulce convertido en polo. Se necesita un poco de paciencia para crear las franjas, pero a los niños (de todas las edades) les encantarán.

 8-10

Para la franja de cerezas:
- 400 ml de agua
- 120-140 g de azúcar granulado
- 500 g cerezas
- 4 cucharadas de zumo de limón recién exprimido
- $\frac{1}{4}$ de cucharadita de extracto de almendra (opcional)

Para la franja de grosellas:
- 150 g de grosellas
- 300 ml de agua
- 60 g azúcar granulado

Para la franja de cerezas, ponga en un cazo el agua y el azúcar y lleve a ebullición. Deje cocer hasta que el azúcar se disuelva. Incorpore las cerezas, tápelas y deje cocer 20 minutos. Pase las cerezas y el almíbar por un tamiz fino, removiendo con energía y aplastando las bayas con el dorso de una cuchara para extraer los zumos. Retire los huesos y las pieles de las cerezas. Incorpore el zumo de limón y el extracto de almendra.

Para la franja de grosellas, póngalas con el agua y el azúcar en un cazo y lleve a ebullición. Deje cocer durante 5 minutos o hasta que las grosellas se abran. Ponga la mezcla en la batidora y redúzcala a puré. Pásela por un tamiz fino, removiendo bien y aplastando los sólidos con el dorso de una cuchara para extraer todos los zumos.

Para crear las franjas, congele capas alternas de cereza y grosella en los moldes. Congele cada capa aproximadamente 1 hora; no olvide dejar 5 mm libres en la parte superior para que la mezcla se expanda durante la congelación. Introduzca los palos cuando todas las capas estén asentadas. Deberían permanecer verticales por efecto de las últimas capas, que ya estarán semicongeladas. Ponga los polos acabados a congelar. En la página 22 se explica el procedimiento completo.

MANGO FRESCO

Cesar dedica este polo a Meekal, uno de sus clientes favoritos del puesto de South Bank. Meekal compraba a menudo dos polos para cada uno de sus tres hijos, y tuvimos que prometerle que contaríamos con reservas para él en invierno. La clave de esta receta consiste en utilizar los mangos más jugosos, maduros y aromáticos que pueda encontrar. Existen muchas variedades paquistaníes e indias, cada con su propio carácter. A nosotros nos encantan los paquistaníes dulces y los indios Alphonso y Kesar.

8-10

- 4-5 mangos indios o paquistaníes medianos, o 3-4 brasileños o de otro tipo más grandes
- un chorrito de zumo de limón
- 250 ml de agua

Pele los mangos y separe con cuidado la pulpa del hueso central.

Ponga la pulpa en la batidora y redúzcala a puré. Debería obtener unos 500 ml de pulpa.

Añada un chorrito de zumo de limón. En esta fase el sabor del limón debería ser casi imperceptible; el objetivo es que realce el maravilloso sabor del mango. Añada el agua y vuelva a mezclar.

Vierta la mezcla en los moldes dejando 5 mm libres en la parte superior para permitir que se expanda durante la congelación. Introduzca los palos y congele. En la página 22 se explica el procedimiento completo.

¡Debería preparar suficientes polos para que duren hasta el año siguiente!

CLEMENTINAS, VINO BLANCO Y ROSAS

Un hombre me sugirió esta combinación en una bodega española, y resultó ser estupenda. Prepare este polo ligero y elegante con la variedad verdejo blanca (ácida, con notas tropicales) o con algún otro vino blanco seco. Las hojas de albahaca, opcionales, aportan complejidad al sabor.

- la ralladura muy fina de 2 clementinas
- 5 cucharadas de agua
- 110 g de azúcar granulado
- un puñadito de hojas de albahaca fresca (opcional)
- 125 ml de vino blanco (a ser posible, verdejo)
- 500 ml de zumo de clementinas recién exprimidas (aproximadamente de 12 piezas)
- 3 cucharadas de zumo de limón recién exprimido
- 1 cucharada de agua de rosas

Ponga la ralladura de clementina, el agua, el azúcar y las hojas de albahaca, si las utiliza, en un cazo pequeño. Lleve a ebullición y deje cocer a fuego lento hasta que el azúcar se disuelva. Retire el cazo del fuego y deje enfriar la mezcla a temperatura ambiente.

Retire las hojas de albahaca tras aplastarlas para extraer los zumos. Añada el vino, los zumos de clementina y limón, y el agua de rosas al almíbar y mezcle bien.

Vierta la mezcla en los moldes dejando 5 mm libres en la parte superior para permitir que se expanda durante la congelación. Introduzca los palos y congele. En la página 22 se explica el procedimiento completo.

PIÑA Y COCO

Esta combinación que tanto gusta a los niños no podía ser más veraniega. Nos encanta la acidez dulce de la piña con la suavidad del coco. Los adultos pueden remojar este polo en ron o espolvorearlo con copos de coco. Otra opción es añadir ron a la mezcla para convertirlo en una piña colada. Elija una piña grande, aromática y con las hojas sanas.

- 1 piña
- el zumo recién exprimido y la ralladura muy fina de 1 limón
- 130 g de azúcar granulado
- 400 ml de leche de coco sin edulcorar
- 4 cucharadas de ron (opcional)

Corte la corona de la piña y deséchela. Corte la piña por la mitad a lo largo, retire la cáscara con un cuchillo afilado y elimine los «ojos» que hayan quedado. Corte cada mitad por la mitad, también a lo largo. Retire y deseche el centro duro, y corte la pulpa en dados.

Ponga los dados de piña, el zumo y la ralladura de limón, el azúcar y la leche de coco en la batidora. Mezcle los ingredientes, pero sin llegar a reducirlos a puré, deben quedar algunos trozos. Pruebe y añada más azúcar si lo considera necesario. Si decide añadir ron, hágalo ahora.

Vierta la mezcla en los moldes dejando 5 mm libres en la parte superior para permitir la expansión durante la congelación. Introduzca los palos y congele. En la página 22 se explica el procedimiento completo.

Variación:
Para obtener un sabor muy intenso, sustituya la leche de coco por 375 ml de zumo de naranja recién exprimido o agua y sumerja el polo congelado en copos de coco, si lo desea.

COCO Y LIMA

¿Conoce la canción *Coconut*, de Harry Nilsson, en la que habla de añadir lima al coco? Si la respuesta es no, escúchela, porque este polo es el resultado: intenso, cremoso y muy fácil de preparar. Conviene utilizar leche de coco de la mejor calidad.

8-10

- 400 ml de leche de coco sin edulcorar
- la ralladura muy fina de 2 limas
- 150 ml de zumo de lima recién exprimido (aproximadamente de 4-5 piezas)
- 400 g de leche condensada
- una pizca generosa de sal

Ponga todos los ingredientes en un cuenco grande y mézclelos bien con una cuchara.

Vierta la mezcla en los moldes dejando 5 mm libres en la parte superior para permitir que se expanda durante la congelación. Introduzca los palos y congele. En la página 22 se explica el procedimiento completo.

Cuando estén listos para comer, los polos quedan muy buenos si se pasan por coco tostado deshidratado. ¡O se rocían con un chorrito de ron!

CHOCOLATE Y PLÁTANO

● ● ● ● ● ● ● ● ● ● ● ●

A los niños les encanta este polo. Puede añadir un par de cucharadas de Nutella, mantequilla de cacahuete o salvado de avena... ¡todas las opciones quedan muy buenas! El sabor a plátano se intensifica, misteriosamente, cuanto más tiempo pasan los polos en el congelador.

8-10

- 3 plátanos medianos
- 1 cucharadita de zumo de limón recién exprimido
- 150 ml de crema de leche espesa
- 175 ml de leche entera
- $\frac{1}{2}$ cucharadita de extracto de vainilla
- 4 cucharadas de jarabe de arce o miel
- 100 g de chocolate con leche o negro
- 1 cucharada de aceite vegetal

Ponga en la batidora los plátanos, el zumo de limón, la crema de leche, la leche, la vainilla y el jarabe de arce o la miel y mezcle bien.

Vierta la mezcla en los moldes dejando 5 mm libres en la parte superior para permitir que se expanda bien durante la congelación. Introduzca los palos y congele. En la página 22 se explica el procedimiento completo.

Para coronar los polos congelados con chocolate, consulte la página 20.

ICE KITCHEN

ARÁNDANOS ROJOS Y NARANJA

La manera perfecta de poner punto final a una copiosa cena de Navidad: ¡tire la casa por la ventana con este postre festivo! Si comparte los polos con la familia, los adultos pueden sumergirlos en licor de naranja o vodka.

- 500 ml de agua
- 160 g de azúcar granulado más 2 cucharadas
- 200 g de arándanos rojos
- 200 ml de zumo de naranja recién exprimido (de 2 naranjas, aproximadamente)
- zumo recién exprimido de 1 limón
- 100 ml de crema de leche espesa o *crème fraîche*

Ponga en un cazo mediano el agua y los 160 g de azúcar. Lleve a ebullición y deje cocer hasta que el azúcar se disuelva. Añada los arándanos y deje cocer 6 minutos más o hasta que se abran y liberen sus zumos.

Retire el cazo del fuego y deje enfriar a temperatura ambiente.

Ponga el contenido del cazo en la batidora y reduzca a puré. Páselo por un tamiz fino y presione con el dorso de una cuchara para extraer todos los zumos. Incorpore los zumos de naranja y limón.

Añada las 2 cucharadas de azúcar. Divida la mezcla en dos mitades e incorpore la crema a una de ellas. Remueva ligeramente. Vierta la crema de arándanos en los moldes (en la página 19 encontrará más indicaciones para crear franjas).

Congele hasta que la crema empiece a estar firme (aproximadamente 1 hora). A continuación vierta la mezcla de arándanos encima. Introduzca los palos y deje congelar por completo. En la página 22 se explica el procedimiento completo.

RUIBARBO Y NATILLAS

Este clásico inglés, muy intenso y cremoso, es la satisfacción inmortalizada en hielo.

Para el ruibarbo:
- 300 ml de agua
- 110 g de azúcar granulado
- 400 g de ruibarbo cortado en trozos

Para las natillas:
- 400 ml de leche entera
- 200 ml de crema de leche espesa
- 4 yemas de huevo
- 120 g de azúcar granulado
- 2 cucharaditas de extracto de vainilla
- una pizca de sal

Para el ruibarbo, ponga en un cazo mediano el agua y el azúcar y lleve a ebullición. Deje cocer hasta que el azúcar se disuelva. Añada el ruibarbo y continúe la cocción durante 10 minutos más o hasta que se ablande. Retire el cazo del fuego.

Para las natillas, ponga la leche y la crema en un cazo a fuego medio. Bata las yemas y el azúcar en un cuenco retractario. Cuando la leche rompa a hervir, retírela del fuego e incorpore unas cucharadas a la mezcla de huevo. Remueva bien y vierta todo en el cazo. Caliente la mezcla a fuego medio-bajo, sin dejar de remover, hasta que espese lo suficiente para cubrir el dorso de una cuchara de madera. No deje que hierva. Pase las natillas inmediatamente a un cuenco, añada la vainilla y la sal, y deje enfriar antes de refrigerarlas durante un par de horas o toda la noche.

Llene los moldes de los polos con capas alternas de ruibarbo y natillas. Deje 5 mm libres en la parte superior de los moldes para permitir que la mezcla se expanda durante la congelación. Introduzca los palos y congele. En la página 22 se explica el procedimiento completo.

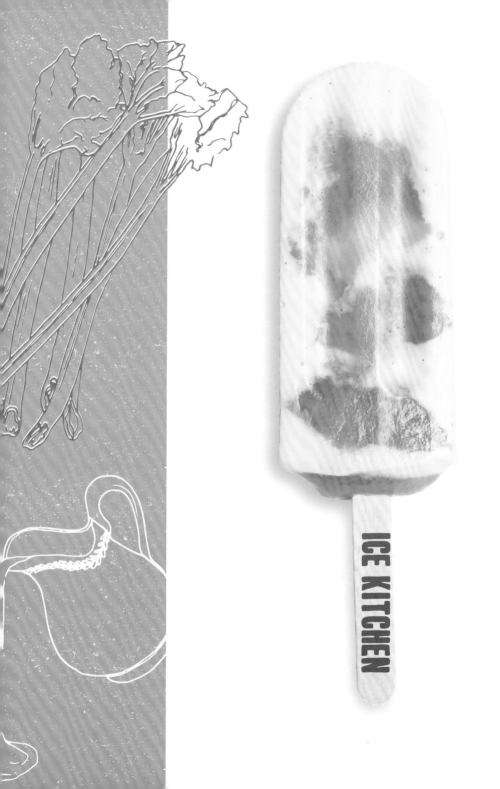

ICE KITCHEN

POMELO Y ANÍS ESTRELLADO

El anís estrellado es el fruto de una magnolia china perenne que llega a alcanzar más de 7 metros de altura. Su sutil aroma a regaliz destaca contra la acidez del pomelo. Asegúrese de utilizar pomelo de cáscara amarilla y deje reposar el anís en el almíbar el máximo tiempo posible (nosotros lo dejamos toda la noche). Como toque extra, pruebe a sumergir el polo en un vaso de algún licor con sabor a anís (por ejemplo, Pernod, pastis, ouzo o arak). El resultado es un sabroso capricho como aperitivo antes de una cena.

- 125 ml de agua
- 120 g de azúcar granulado
- la ralladura fina de 1 pomelo
- 4-6 gránulos de anís estrellado
- 600 ml de zumo de pomelo recién exprimido (de 4-5 piezas, aproximadamente)

Ponga en un cazo el agua, el azúcar, la ralladura de pomelo y el anís estrellado, y lleve a ebullición. Deje cocer durante 5 minutos. Retire el cazo del fuego y deje el anís en infusión como mínimo hasta que el almíbar se enfríe a temperatura ambiente (es preferible dejarlo toda la noche).

Retire el anís de la mezcla, aunque quedará estupendo si pone uno en cada molde antes de llenarlos. Añada el zumo de pomelo al almíbar y remueva. Reparta la mezcla en los moldes dejando 5 mm libres en la parte superior para permitir que se expanda bien durante la congelación. Introduzca los palos y congele. En la página 22 se explica el procedimiento completo.

HIBISCO EGIPCIO Y MELOCOTÓN

La antigua bebida egipcia a base de hibisco llamada *karkadé* inspiró este polo agridulce y de color rubí. Es muy popular en Egipto, de donde procede nuestra familia, y de Sudán, donde vivieron los bisabuelos de Cesar y mis abuelos. Encontrará hibisco seco en la mayoría de tiendas especializadas en Oriente Medio.

8-10

- 40 g de hibisco seco, ligeramente lavado con agua fría
- 850 ml de agua
- 125 g de azúcar granulado más 2 cucharadas
- 2 melocotones, deshuesados y cortados en gajos finos

Ponga el hibisco y el agua en un cazo mediano, lleve a ebullición y deje cocer a fuego lento durante 5 minutos. Retire el cazo del fuego e incorpore los 125 g de azúcar. Deje reposar la mezcla unas horas.

Pase la mezcla por un tamiz fino. Aplaste el hibisco con el dorso de una cuchara para extraer los zumos (también puede exprimirlo con las manos). Ponga los melocotones en un cuenco, espolvoree con las 2 cucharadas de azúcar y deje macerar durante 30 minutos. Ponga unos cuantos trozos de melocotón macerado y su zumo dentro de cada molde. A continuación, vierta la mezcla de hibisco. No olvide dejar 5 mm libres en la parte superior para permitir que la mezcla se expanda durante la congelación. Introduzca los palos y congele. En la página 22 se explica el procedimiento completo.

Variaciones:
Mezcle 1 cucharadita de agua de azahar o de rosas o de jengibre recién rallado con el agua de hibisco fría, o añádala a los melocotones.

BAYAS AL BORGOÑA

Esta mezcla de bayas y vino es estupenda como postre de una cena o para una fiesta en el jardín. Tenga cuidado con las cantidades: el exceso de alcohol impedirá que el polo quede compacto. Vierta un poco de crema de leche en el fondo de cada molde para añadir un toque sublime.

- 250 g de bayas frescas (frambuesas, moras o arándanos, por ejemplo) más 170 g de moras
- 140 g de azúcar granulado
- 2 cucharaditas de zumo de limón recién exprimido
- 125 ml de borgoña (o el vino tinto que prefiera)
- 125 ml de agua
- 100 ml de crema de leche espesa (opcional)

Ponga los 250 g de bayas frescas en un cuenco, añada 80 g de azúcar y el zumo de limón, y deje macerar un mínimo de 1 hora, hasta que se liberen los zumos.

Mientras tanto, ponga el vino, el agua, los 170 g de moras y el resto del azúcar en la batidora y mezcle lentamente. Pase la mezcla por un tamiz fino, remueva con una cuchara y aplaste los sólidos para extraer todos los zumos.

Si utiliza crema, ponga una cucharadita en cada molde; a continuación reparta las bayas maceradas, presionándolas ligeramente, y vierta por encima la mezcla de vino. Deje 5 mm libres en la parte superior para permitir que la mezcla se expanda durante la congelación. Introduzca los palos y congele. En la página 22 se explica el procedimiento completo.

MOJITO

Creamos este polo para una boda veraniega al aire libre cerca de Londres. El mojito es el cóctel favorito de Cesar, y estábamos decididos a convertirlo en polo. Desde entonces es uno de los más vendidos entre los clientes del South Bank que se relajan por la tarde junto al río. Si se excede con el ron, quedará flojo; es mejor no pasarse y mojar el polo en ron a medida que lo come.

8-10

- 500 ml de agua
- 155 g de azúcar granulado
- 20 g de hojas de menta fresca más 20 hojas
- 200 ml de zumo de lima recién exprimido (de 5-6 piezas)
- 4 cucharadas de ron blanco
- 10 rodajas muy finas de lima para añadir a los moldes

Ponga el agua y el azúcar en un cazo pequeño y lleve a ebullición. Retire del fuego y añada los 20 g de hojas de menta. Cubra con una tapa y refrigere unas horas o una noche entera.

Pase el almíbar por un tamiz fino y exprima las hojas de menta para extraer todo su zumo. Pique finamente 10 de las 20 hojas de menta y añádalas al almíbar con el zumo de lima y el ron. Mezcle bien. El sabor debe resultar bastante intenso.

Ponga una rodaja de lima y una hoja de menta en cada molde. Añada la mezcla de almíbar, zumo y ron. Deje libres los 5 mm superiores de los moldes para que la mezcla pueda expandirse durante la congelación. Introduzca los palos (que empujarán hasta el fondo las rodajas de lima) y congele. En la página 22 se explica el procedimiento completo.

ICE KITCHEN

JEREZ DULCE Y UVAS PASAS

Este polo es buenísimo, un tesoro. ¡Por favor, pruébelo! Lo preparé para la fiesta de presentación del libro de español de mi madre porque se inspira en el helado de Málaga. El poeta Mark Strand estaba presente y dijo que era el mejor postre que había probado en su vida. ¡Poesía para mis oídos!

8-10

- 40 g de uvas pasas
- 60 ml de Pedro Ximénez (el más denso, oscuro y añejo que encuentre)
- 350 ml de crema de leche espesa
- 250 ml de leche entera
- 50 g de azúcar granulado
- 1 ramita pequeña de canela
- 5 yemas de huevo
- 1 cucharadita de extracto de vainilla

Ponga en un cuenco las pasas con el jerez y déjelas en remojo. Ponga la crema, la leche, el azúcar y la ramita de canela en un cazo pequeño y caliente hasta que casi empiece a hervir. Retire el cazo del fuego.

En un cuenco mediano bata las yemas de huevo; a continuación añada un cucharón de leche caliente, y después otro, sin dejar de batir. Vierta esta mezcla en el cazo y caliente de nuevo a fuego lento, sin dejar de remover, hasta que espese lo suficiente para cubrir el dorso de una cuchara de madera. No deje que llegue a hervir. Pase la mezcla inmediatamente por un tamiz fino sobre un cuenco, incorpore la vainilla y deje enfriar antes de refrigerar durante 2 horas o toda la noche.

Añada la mezcla de pasas y jerez a las natillas ya frías y remueva con cuidado. Reparta la mezcla en los moldes dejando 5 mm libres en la parte superior para permitir que se expanda durante la congelación. Introduzca los palos y congele. En la página 22 se explica el procedimiento completo. Si lo desea, espolvoree los polos ya congelados con una pizca de canela.

ALMENDRAS Y FLOR DE AZAHAR

El maravilloso y delicado sabor de las almendras y la flor de azahar combinadas es incomparable. A mí me recuerdan a los dulces de Oriente Medio de mi infancia. Las almendras molidas aportan una textura muy agradable a este polo.

- 500 ml de leche entera
- 20 g de maicena
- 250 ml de crema de leche espesa
- 125 g de azúcar granulado
- 3 cucharaditas de agua de azahar
- 5 gotas de extracto de almendra
- 40 g de almendras molidas
- un puñado de almendras fileteadas para cubrir los polos

Ponga 3 cucharadas de leche en un cuenco pequeño y añada la maicena para formar una pasta lisa. Ponga el resto de la leche, la crema y el azúcar en un cazo mediano y lleve a ebullición; a continuación, añada la pasta de maicena. Remueva constantemente hasta que la mezcla empiece a espesar y a hervir. Deje espesar, sin parar de remover, durante 2 minutos más.

Pase la mezcla por un tamiz fino colocado sobre un cuenco. Añada el azahar y el extracto de almendra, y deje enfriar a temperatura ambiente.

Incorpore las almendras molidas y mezcle bien. Vierta la mezcla en los moldes dejando 5 mm libres en la parte superior para permitir que se expanda durante la congelación. Introduzca los palos y congele. En la página 22 se explica el procedimiento completo. Cuando llegue el momento de disfrutar de los polos, páselos por un plato con las almendras fileteadas (*véase* pág. 20).

ICE KITCHEN

PISTACHOS Y ROSAS

Me encantaba el pudin de leche egipcio llamado *muhallabeya* que mi madre preparaba cuando yo era pequeña. Lo decoraba con pistachos y lo aromatizaba con agua de rosas. Hace unos años, cuando vino a visitarme, me ayudó a recrear la receta para este polo.

- 500 ml de leche entera
- 25 g de maicena
- 250 ml de crema de leche espesa
- 125 g de azúcar granulado
- 3 cucharaditas de agua de rosas (existen aguas de rosas de diferentes intensidades, ajuste la cantidad al gusto)
- 40 g de pistachos pelados, finamente picados

Ponga 3 cucharadas de leche en un cuenco pequeño y añada la maicena para formar una pasta lisa. Ponga el resto de la leche, la crema y el azúcar en un cazo y lleve a ebullición; a continuación, añada la pasta de maicena. Remueva constantemente hasta que la mezcla empiece a espesar y a borbotear. Deje espesar, sin dejar de remover, durante 2 minutos más.

Pase la mezcla por un tamiz fino colocado sobre un cuenco. Añada el agua de rosas y deje enfriar a temperatura ambiente.

Incorpore los pistachos a la mezcla y remueva bien; reserve un puñado de los mismos para cubrir los polos. Vierta la mezcla en los moldes dejando 5 mm libres en la parte superior para permitir que se expanda durante la congelación. Introduzca los palos y congele. En la página 22 se explica el procedimiento completo.

Cuando llegue el momento de disfrutar de los polos, páselos por un plato con los pistachos picados (*véase* pág. 20).

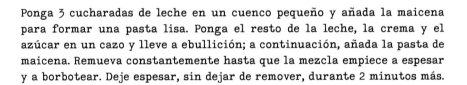

LECHE A LA MENTA

Para este libro teníamos en mente muchas recetas, pero después de preparar esta supimos al instante que debíamos incluirla. Este polo es tan adictivo que Lily devoró hasta el último de la tanda que preparamos.

- 30 g de hojas de menta fresca (un puñado grande de unas 20 ramitas)
- 450 ml de leche entera
- 250 ml de crema de leche espesa
- 125 g de azúcar granulado

Aplaste un poco las hojas de menta con el dorso de una cuchara; de este modo la leche tomará un color verde pastel.

Ponga la leche, la crema y el azúcar en un cazo y caliente hasta que casi empiecen a hervir. Retire el cazo del fuego y añada las hojas de menta. Tape y deje enfriar. Cuanto más tiempo deje las hojas en infusión, mejor. Pase la mezcla por un tamiz fino y aplaste las hojas con el dorso de una cuchara o entre las manos para extraer todos los zumos.

Vierta la mezcla en los moldes dejando 5 mm libres en la parte superior para permitir que se expanda durante la congelación. Introduzca los palos y congele. En la página 22 se explica el procedimiento completo. Si lo desea, puede rociar cada polo con un chorrito de chocolate negro derretido (*véase* pág. 20, cómo cubrir un polo con chocolate).

Variación:
Para preparar un polo de chocolate a la menta, caliente la leche a la menta de nuevo después de retirar las hojas y, a continuación, añada 60 g de chocolate negro picado. Deje que la mezcla se enfríe completamente para que el chocolate se amalgame del todo.

ICE KITCHEN

PUDIN DE LIMÓN CON TRES LECHES

El famoso pastel mexicano de tres leches, elaborado con 3 tipos de leche o crema de leche, es uno de los mejores postres que se han inventado nunca. Aquí le damos un giro para los amantes del limón. ¡Una receta muy fácil!

- 396 g de leche condensada
- 150 ml de leche entera
- 150 ml de crema de leche espesa
- 250 ml de zumo de limón recién exprimido (aproximadamente de 3 limones)
- ralladura muy fina de 2 limones

Ponga todos los ingredientes en un cuenco y bata hasta obtener una crema homogénea.

Vierta la mezcla en los moldes dejando 5 mm libres en la parte superior para permitir que se expanda durante la congelación. Introduzca los palos y congele. En la página 22 se explica el procedimiento completo.

Variación:
Si lo desea, puede añadir a la mezcla unos trozos desmenuzados de pastel o de bizcochos de soletilla.

TWIST FRANCÉS

El matrimonio entre la vainilla francesa y las frambuesas funciona a la perfección, y explica por qué este polo es tan popular en nuestro carrito. El toque de vodka impide que las frambuesas se congelen por completo.

Para las frambuesas:
- 300 g de frambuesas (frescas o congeladas)
- 100 g de azúcar granulado
- 2 cucharadas de vodka (opcional)

Para la vainilla francesa:
- 400 ml de leche entera
- 200 ml de crema de leche espesa
- una pizca de sal
- 1 vaina de vainilla
- 4 yemas de huevo
- 120 g de azúcar granulado

Ponga las frambuesas en un cuenco y añada el azúcar y el vodka. Resérvelas durante un mínimo de 1 hora o toda la noche para que liberen sus zumos.

Para preparar la vainilla francesa, ponga la leche, la crema y la sal en un cazo a fuego lento. Corte la vaina de vainilla a lo largo y raspe las semillas sobre el cazo; añada también la vaina. Bata las yemas y el azúcar en un cuenco refractario. Cuando la leche empiece a hervir, retírela del fuego y añada unas cucharadas a la mezcla de huevo. Bata bien e incorpore de nuevo al cazo. Caliente a fuego medio-bajo, sin dejar de remover, hasta que espese lo suficiente para cubrir el dorso de una cuchara de madera. No deje que hierva. Pase la mezcla por un tamiz fino y deje enfriar. A continuación, refrigere un mínimo de 2 horas.

Triture ligeramente las frambuesas, pero conserve algunas casi enteras. Rellene los moldes de los polos con capas alternas de frambuesa y vainilla. Deje 5 mm libres en la parte superior para permitir que la mezcla se expanda durante la congelación. Mueva un poco las capas con un palo. Introduzca los palos y congele. En la página 22 se explica el procedimiento completo.

ICE KITCHEN

PASTEL DE QUESO Y NARANJA

He aquí un giro de nuestro popular polo de naranja, un auténtico
éxito entre los neoyorquinos. ¡Lo hemos convertido en un pastel
de queso! Los aceites de la ralladura de naranja son los que aportan
ese sabor especial. Fácil de preparar y realmente delicioso.

8-10

- la ralladura muy fina de 3 naranjas
- 150 g de azúcar granulado
- 90 g de queso crema
- 250 ml de crema acidificada
- 375 ml de zumo de naranja recién exprimido
  (aproximadamente de 4 naranjas)
- 65 g de galletas digestivas (opcional)

Ponga la ralladura de naranja y todo el azúcar en la batidora y mezcle
durante 1 minuto, aproximadamente, hasta que el azúcar quede de color
naranja intenso. Añada el queso crema y mezcle unos segundos más.
Incorpore la crema y mezcle de nuevo. Incorpore el zumo de naranja y
mezcle hasta combinar bien todos los ingredientes.

Vierta la mezcla en los moldes dejando 5 mm libres en la parte superior
para permitir que se expanda durante la congelación. Introduzca los
palos y congele. En la página 22 se explica el procedimiento completo.

Si lo desea, pique las galletas en el mortero y espolvoréelas por encima
de los polos ya congelados, o bien espere a que se derritan un poco y
embadúrnelos en un cuenco con las galletas desmenuzadas justo antes
de consumirlos.

LECHE Y MIEL

Así es como debería ser un polo: simple y delicioso. El sabor
de la miel se intensifica cuando se congela con la leche y la crema,
y además se derrite agradablemente en la boca. Resulta interesante
experimentar con diferentes tipos de miel: de acacia, de flor
de azahar, de lavanda o de flores silvestres, por ejemplo.

- 160 g (8 cucharadas) de miel
- 350 ml de leche entera
- 350 ml de crema de leche espesa

Ponga la miel y 6 cucharadas de leche en un cazo pequeño y caliente
hasta que queden bien mezcladas. Retire del fuego y vierta la mezcla en
un cazo con la crema y el resto de leche. Remueva hasta mezclar bien.

Vierta la mezcla en los moldes dejando 5 mm libres en la parte superior
para permitir que se expanda durante la congelación. Introduzca los
palos y congele. En la página 22 se explica el procedimiento completo.

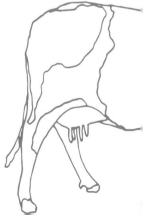

CASSATA

Con este polo retratamos a Italia en uno de sus postres sicilianos tradicionales. La cremosa ricotta se mezcla con frutos secos picados (por ejemplo, almendras y pistachos), frutas confitadas picadas y diminutos trocitos de chocolate.

8-10

- 450 g de ricotta
- 400 ml de crema de leche espesa
- 140 g de azúcar blanquilla
- 2½ cucharaditas de extracto de vainilla
- 4-6 cucharadas de leche (dependiendo de la densidad de la ricotta)
- 30 g de cáscara de naranja confitada
- 30 g de cáscara de limón confitada
- 30 g de pistachos pelados
- 30 g de almendras peladas
- 45 g de chocolate negro
- 1 cucharadita de ralladura de naranja o de limón (opcional)

Ponga la ricotta, la crema, el azúcar y la vainilla en la batidora y mezcle; la mezcla espesará ligeramente. Pásela a un cuenco y añada la leche para diluirla un poco porque los ingredientes picados tienen que quedar flotando.

Pique las cáscaras confitadas, los frutos secos y el chocolate en trozos muy pequeños y añádalos a la mezcla de ricotta. Incorpore la ralladura si la utiliza.

Reparta la mezcla en los moldes; golpéelos sobre una superficie resistente para que no queden burbujas de aire grandes. Deje 5 mm libres en la parte superior para que la mezcla se expanda durante la congelación. Introduzca los palos y congele. En la página 22 se explica el procedimiento completo. Si lo desea, reserve unos trocitos de chocolate o frutas confitadas para espolvorear sobre los polos ya congelados.

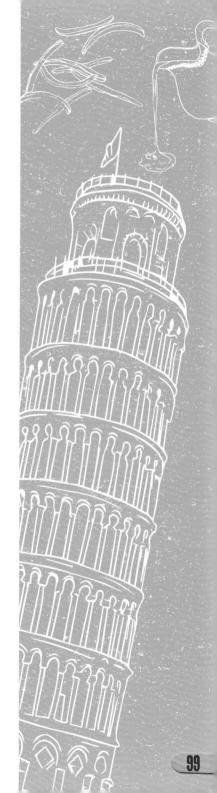

CARAMELO DE MANTEQUILLA

Suaves, sedosos y reconfortantes, los caramelos de mantequilla son irresistibles para niños y adultos por igual.

- 100 g de azúcar granulado
- 2 cucharadas de mantequilla
- 250 ml de crema de leche espesa
- 625 ml de leche entera
- 1 cucharadita de extracto de vainilla
- $\frac{1}{4}$ de cucharadita de sal

Ponga el azúcar, la mantequilla y la crema en un cazo y lleve a ebullición a fuego lento. Deje cocer durante 10-12 minutos; remueva de vez en cuando. Comience a remover más hacia el final de la cocción, cuando la mezcla adquiera un tono ámbar oscuro y espese: es estonces cuando se desarrolla el maravilloso sabor a caramelo de mantequilla.

Cuando la mezcla presente este tono ámbar oscuro, incorpore la leche y lleve de nuevo a ebullición; deje cocer 2 minutos. Retire el cazo del fuego, añada la vainilla y la sal, y deje enfriar a temperatura ambiente.

Vierta la mezcla en los moldes dejando 5 mm libres en la parte superior para permitir que se expanda durante la congelación. Coloque los palos y congele. En la página 22 se explica el procedimiento completo.

Variación:
El bourbon combina muy bien con los caramelos de mantequilla. Si lo desea, añada al final 2-3 cucharadas a la mezcla.

ICE KITCHEN

KULFI DE SONI

Nuestra amiga Soni Bhatia es una brillante chef formada en París y propietaria del conocido restaurante Soni's de San Francisco. Insistió en que incluyésemos un polo de *kulfi* (helado indio) en este libro. Esta es su receta familiar, y juntos la reconstruimos para crear este polo. Las almendras molidas aportan un toque especial, pero cuidado: estos polos son intensos; sugerimos utilizar moldes más pequeños de lo habitual.

8-10

- 1,25 l de leche entera
- 2 pizcas de hebras de azafrán
- 8 vainas de cardamomo majadas con el mortero
- 110 g de azúcar granulado
- 300 ml de crema de leche espesa
- 60 g de almendras molidas
- 4-5 gotas de esencia de kewra (opcional)
- 35 g de pistachos, pelados y picados

Ponga la leche, el azafrán y el cardamomo en un cazo ancho de fondo grueso, y lleve a ebullición. Deje unas varillas metálicas dentro del cazo para impedir que la leche se derrame. Deje cocer a fuego lento y remueva cada 5 minutos, aproximadamente, para deshacer la telilla que se vaya formando. Continúe la cocción hasta que la leche se reduzca a un tercio del volumen (aproximadamente 35 minutos). Debe despedir un ligero aroma a caramelo. Retire el cazo del fuego y añada el azúcar; remueva hasta que se disuelva. Vierta la mezcla en otro cazo para ponerla a enfriar, tape y guárdela en la nevera varias horas para que los sabores se amalgamen.

Pase la mezcla por un tamiz e incorpórele la crema de leche, las almendras molidas y la esencia de kewra, si la utiliza.

Vierta la mezcla en los moldes dejando 5 mm libres en la parte superior para que se expanda. Espolvoree con los pistachos. Introduzca los palos y congele. En la página 22 se explica el procedimiento completo.

LECHE CON CEREALES

Inspirándonos en el helado de crema de leche con cereales que se puso tan de moda en Nueva York, hemos creado nuestra propia versión congelando los cereales para desayunar de Lily en un polo. ¡Y ha tenido bastante éxito! Puede experimentar y utilizar sus cereales favoritos. Sabemos que quedan todavía más buenos en su versión congelada.

- 300 ml de leche entera
- 250 ml de crema de leche espesa
- 30 g de sus cereales favoritos (a nosotros nos gustan los Cheerios), y un poco más para incluir en los moldes
- 1 plátano maduro cortado en rodajas de 2 cm
- 5-6 cucharadas de miel o jarabe de arce

Mezcle todos los ingredientes en un cuenco, tape y refrigere durante una noche para que el líquido tome ese inconfundible y delicioso sabor a cereales.

Al día siguiente, ponga el contenido del cuenco en la batidora y mezcle bien.

Vierta la mezcla en los moldes y añada al final algunos cereales secos. Deje 5 mm libres en la parte superior de los moldes para permitir que el contenido se expanda durante la congelación. Introduzca los palos y congele. En la página 22 se explica el procedimiento completo.

ICE KITCHEN

BLANCO Y NEGRO NEOYORQUINO

Convertimos este polo de vainilla en el «Blanco y negro neoyorquino» sumergiendo la mitad en chocolate negro y la otra mitad en chocolate blanco. Es un homenaje a la galleta neoyorquina de dos chocolates. Para saber si un chef de helados es bueno, pruebe su helado de vainilla.

 8-10

Para la vainilla:
- 400 ml de leche entera
- 200 ml de crema de leche espesa
- 120 g de azúcar granulado
- una pizca de sal
- 1 vaina de vainilla
- 4 yemas de huevo

Para el chocolate para mojar:
- 100 g de chocolate blanco
- 100 g de chocolate negro
- 2 cucharadas de aceite vegetal

Ponga la leche, la crema, el azúcar y la sal en un cazo y caliente a fuego lento. Corte la vaina de vainilla a lo largo y raspe las semillas encima del cazo; añada también la vaina. Ponga las yemas en un cuenco refractario y bátalas ligeramente. Cuando la leche empiece a hervir, retírela del fuego y añada gradualmente un cucharón a la mezcla de huevo. Remueva bien. Añada 2 cucharones más sin dejar de batir y vuelva a poner la mezcla en el cazo. Caliente a fuego medio-bajo y remueva hasta que espese lo suficiente para cubrir el dorso de una cuchara de madera. No deje que llegue a hervir. Pase la mezcla por un tamiz fino colocado sobre un cuenco. Ponga la vaina de vainilla en las natillas. Deje enfriar y refrigere 2 horas o toda la noche para que espesen. Retire la vaina y raspe sobre las natillas las semillas que hayan quedado.

Vierta la mezcla en los moldes y deje 5 mm libres en la parte superior para que el contenido se expanda durante la congelación. Introduzca los palos y congele. En la página 22 se explica el procedimiento completo. Para cubrir los polos con los chocolates, *véase* pág. 20.

CARAMELO Y CHOCOLATE

Esta es la receta sibarita de Cesar: un polo de caramelo delicioso sin más añadidos, pero todavía mejor si se moja en chocolate con almendras.

- 175 g de azúcar granulado
- 500 ml de leche entera
- 250 ml de crema de leche espesa
- 3 yemas de huevo
- ¼ de cucharadita de extracto de vainilla
- una pizca de sal

Ponga un cazo de fondo grueso a fuego medio. Cuando esté bien caliente, vierta el azúcar. Agite el cazo y remueva con una cuchara de madera hasta que el azúcar se derrita. Cuando empiece a tomar color, se caramelizará y la temperatura aumentará rápidamente. ¡Cuidado! Si se quema, quedará amargo. En cuanto presente un tono ámbar dorado, retire el cazo del fuego. Añada la leche y la crema inmediatamente, pero con mucho cuidado porque chisporrotearán y salpicarán. Vuelva a poner el cazo en el fuego y lleve a ebullición. Remueva para disolver el caramelo endurecido.

Bata ligeramente en un cuenco grande las yemas, la vainilla y la sal. Retire el cazo del fuego y añada gradualmente el caramelo caliente a la mezcla de yemas. Remueva. A continuación, pase toda la mezcla de nuevo al cazo. Vuelva a calentar a fuego medio sin dejar de remover hasta que la mezcla espese lo suficiente para cubrir el dorso de una cuchara de madera. ¡No deje que llegue a hervir! Pase la mezcla por un tamiz colocado sobre un cuenco limpio y coloque este sobre hielo para enfriar el contenido rápidamente. Refrigere hasta que esté muy frío.

Vierta la mezcla en los moldes. Deje 5 mm libres en la parte superior. Introduzca los palos y congele. En la página 22 se explica el procedimiento completo. Para coronar los polos con chocolate, *véase* pág. 20 (añada almendras picadas al chocolate).

ICE KITCHEN

CHOCOLATE MEXICANO

Inspirado en la bebida azteca de chocolate y chile, este polo ofrece una combinación fascinante y exquisita de la que nunca nos cansamos.

- 500 ml de leche entera
- 250 ml de crema de leche espesa
- 1 ramita de canela partida
- 3-5 pizcas generosas de pimentón picante, y un poco más (opcional) para espolvorear los polos
- 150 g de chocolate negro, finamente picado
- 65 g de azúcar granulado

Ponga la leche, la crema, la canela y el pimentón en un cazo mediano y lleve a ebullición a fuego lento. Deje cocer durante 5 minutos. Retire del fuego, añada el chocolate y el azúcar, y remueva hasta mezclar bien todos los ingredientes, que deben quedar cremosos.

Deje enfriar para que los sabores se amalgamen. Cuanto más tiempo repose la mezcla, más suaves y cremosos quedarán los polos. En ocasiones, nosotros la dejamos reposar toda la noche.

Pase la mezcla por un tamiz fino y repártala entre los moldes. Deje 5 mm libres en la parte superior de los moldes para que el contenido se expanda durante la congelación. Introduzca los palos y congele. En la página 22 se explica el procedimiento completo. Si lo desea, espolvoree los polos con un poco más de pimentón justo antes de consumirlos.

REMOLINO DE CHOCOLATE Y VAINILLA

Los sicilianos utilizan maicena como espesante en sus helados, ya que no oculta los sabores y aporta una buena textura. En esta receta la utilizamos para añadir un agradable toque masticable. Si prefiere un chocolate más intenso, utilice cacao en polvo además del chocolate negro.

 8-10

- 500 ml de leche entera
- 20 g de maicena
- 250 ml de crema de leche espesa
- 2 cucharaditas de extracto de vainilla
- 6 cucharadas de azúcar granulado
- 100 g de chocolate negro, finamente picado
- 4 cucharaditas de cacao en polvo sin azúcar mezclado con 3 cucharadas de agua caliente (opcional)

Ponga 3 cucharadas de leche en un cuenco pequeño y añada la maicena para obtener una pasta homogénea. Ponga el resto de la leche y la crema en un cuenco mediano y caliente a fuego lento hasta que empiece a hervir; en este momento incorpore la pasta de maicena. Remueva constantemente hasta que la mezcla empiece a espesar y a borbotear. Continúe la cocción, removiendo de vez en cuando, durante 2 minutos más.

Pase la mezcla por un tamiz fino y repártala en dos cuencos. Añada la mitad de la vainilla y 4 cucharadas de azúcar a un cuenco, y el resto de la vainilla y el azúcar, más el chocolate, al otro cuenco. Mezcle bien. Si utiliza la mezcla de cacao en polvo, añádalo al cuenco del chocolate. Deje enfriar las mezclas a temperatura ambiente.

Reparta con una cuchara capas alternas de chocolate y vainilla en los moldes. Deje 5 mm libres en la parte superior. Introduzca los palos y congele. En la página 22 se explica el procedimiento completo.

ICE KITCHEN

CHOCOLATE

Esta receta da como resultado el polo de chocolate perfecto: puro y sencillo. Además, se puede transformar con otros sabores: por ejemplo, naranja, romero, agua de rosas o café (*véase* Variaciones, inferior).

- 500 ml de leche entera
- 250 ml de crema de leche espesa
- 150 g de chocolate negro de calidad, finamente picado
- 65-75 g de azúcar granulado (dependerá del dulzor del chocolate)
- 2 cucharaditas de extracto de vainilla

Ponga la leche y la crema en un cazo y lleve a ebullición a fuego lento. Retire el cazo del fuego, añada el chocolate y el azúcar, y mezcle bien hasta obtener una consistencia cremosa. Incorpore la vainilla. Deje reposar y enfriar la mezcla. Cuanto más tiempo repose, más suaves y cremosos quedarán los polos.

Vierta la mezcla en los moldes. Deje 5 mm libres en la parte superior para que el contenido se expanda durante la congelación. Introduzca los palos y congele. En la página 22 se explica el procedimiento completo.

Si lo desea, puede salpicar los polos con un poco de chocolate negro derretido (*véase* pág. 20).

Variaciones:
Si le gusta el chocolate a la naranja, añada 2 cucharaditas de ralladura de naranja muy fina. Para elaborar chocolate al aroma de rosa, añada 2 cucharaditas de agua de rosas. El chocolate al romero se prepara añadiendo unas ramitas de romero fresco a la leche antes de ponerla al fuego; se retiran justo antes de repartir la mezcla en los moldes. Para los amantes del moca, añada 2 cucharaditas de café instantáneo cuando incorpore el chocolate.

CAPUCHINO

Utilice café molido muy fresco y prepárelo extrafuerte para este capuchino en un polo. Nosotros utilizamos una cafetera de filtro de cerámica con un cono de papel directamente sobre una taza. Si dispone de una cafetera exprés, todavía mejor.

- 60 g de azúcar granulado
- 500 ml de café extrafuerte recién preparado
- 250 ml de crema de leche espesa
- 1-2 cucharadas de azúcar blanquilla
- 1-2 gotas de extracto de vainilla (opcional)
- cacao en polvo, canela molida o nuez moscada rallada para espolvorear los polos

Añada el azúcar granulado al café recién preparado y remueva hasta que se disuelva. Incorpore la mitad de la crema y mezcle bien.

Ponga en un cuenco el resto de la crema, el azúcar y la vainilla, si la utiliza, y bátalas hasta que queden ligeramente firmes.

Reparta la mezcla de café en los moldes; tiene que quedar un poco de espacio para la crema, que se reparte por encima. Deje 5 mm libres en la parte superior de los moldes para que el contenido se expanda durante la congelación. Introduzca los palos y congele. En la página 22 se explica el procedimiento completo. Si lo desea, espolvoree al gusto los polos ya congelados con cacao en polvo, canela molida o nuez moscada rallada justo antes de consumirlos.

CAFÉ VIETNAMITA

Cuando éramos jóvenes artistas en Nueva York, íbamos a un restaurante vietnamita a la vuelta de la esquina, en Chinatown, que se llamaba Nha Trang. La comida era económica y deliciosa. Siempre nos traían una taza con leche condensada en el fondo y a continuación colocaban un pequeño filtro metálico individual sobre cada taza a través del cual pasaba el café. Para preparar el café fuerte necesario para estos polos utilizamos un filtro de papel directamente sobre una taza y lo cargamos con posos de café.

- 150 ml de leche condensada
- 500 ml de café extrafuerte recién preparado (cuanto más fuerte, mejor)
- 100 ml de crema de leche espesa

Ponga la leche condensada en un cuenco y añada el café y la crema. Mezcle bien.

Vierta la mezcla en los moldes. Deje 5 mm libres en la parte superior para que el contenido se expanda durante la congelación. Introduzca los palos y congele. En la página 22 se explica el procedimiento completo.

EARL GREY

Se cuenta que Earl Grey, primer ministro británico en la década de 1830, recibió esta mezcla de té como regalo de un chino mandarín. El té posee un característico aroma debido al aceite de bergamota.

8-10

- 500 ml de leche entera
- 20 g de maicena
- 250 ml de crema de leche espesa
- 120 g de azúcar granulado
- 5 cucharaditas de hojas de té Earl Grey
- 1 cucharadita de extracto de vainilla (opcional)

Ponga 3 cucharadas de leche en un cuenco pequeño y añada la maicena para formar una pasta lisa. Ponga el resto de la leche, la crema y el azúcar en un cuenco mediano y caliente hasta que esté a punto de hervir. Retire del fuego y añada las hojas de té. Deje reposar 5 minutos.

Incorpore la pasta de maicena y vuelva a poner el cazo al fuego. Remueva constantemente hasta que la mezcla empiece a espesar y a borbotear. Deje espesar, sin parar de remover, durante 2 minutos más.

Pase la mezcla por un tamiz fino. Aplaste las hojas de té con el dorso de una cuchara para extraer su sabor. Incorpore la vainilla, si la utiliza, y deje enfriar a temperatura ambiente.

Vierta la mezcla en los moldes. Deje 5 mm libres en la parte superior para que el contenido se expanda durante la congelación. Introduzca los palos y congele. En la página 22 se explica el procedimiento completo.

Variación:
Puede utilizar otro té muy fragante en lugar del Earl Grey.

ICE KITCHEN

PEPINO Y LIMA

Este polo refrescante e intenso es perfecto para una pausa durante un día sofocante o para disfrutar de una cálida tarde de verano al aire libre. La piel del pepino acumula los nutrientes y aporta a este polo ese color verde jade. ¡No la deseche!

8-10

- 1 pepino grande, lavado
- 250 ml de agua
- 85 ml de zumo de lima recién exprimido (de 2-3 limas)
- 100 g de azúcar granulado

No pele el pepino. Retire los extremos del pepino y córtelo en rodajas gruesas; póngalas en la batidora con el agua y reduzca a un puré fino.

Pase el puré por un tamiz muy fino y añada el zumo de lima y el azúcar. Remueva hasta que el azúcar se disuelva.

Vierta la mezcla en los moldes. Deje 5 mm libres en la parte superior para que el contenido se expanda durante la congelación. Introduzca los palos y congele. En la página 22 se explica el procedimiento completo.

REMOLACHA Y CREMA

¡Prepárese para mancharse los labios de un precioso color magenta!
Este polo de inspiración rusa también está repleto de beneficios
para la salud. Resulta más sencillo emplear zumo de remolacha fresco
ya preparado, pero también puede licuarlo en casa, por supuesto.
Si lo hace, no pele la remolacha porque en la piel se encuentra
la mayoría de nutrientes.

8-10

- 500 ml de zumo de remolacha fresco
- 2 cucharadas de zumo de limón recién exprimido
- 2 cucharadas de azúcar blanquilla
- 250 ml de crema acidificada

Mezcle los zumos de remolacha y de limón y el azúcar. Remueva hasta que
éste se disuelva. Incorpore la crema acidificada y mezcle bien.

Vierta la mezcla en los moldes. Deje 5 mm libres en la parte superior para
que el contenido se expanda durante la congelación. Ponga los palos y
congele. En la página 22 se explica el procedimiento completo.

ÍNDICE

AGRADECIMIENTOS

Deseamos dar las gracias a todo el equipo de Quadrille por la idea de crear este libro y por darnos tanta libertad para hacerlo: a Ed y Simon por su entusiasmo y su capacidad de visión; a Jane por su sabia ayuda durante todo el proceso; a Helen por su visión excepcional; a Gemma por lograr que haya quedado tan bonito, y a Céline por su sensibilidad con la edición. Un agradecimiento especial a Lizzy Kremer, nuestra fantástica agente.

Gracias, Lily, por ser la mayor inspiración y nuestra mejor catadora. Agradecemos a Claudia que nos enseñase los placeres de cocinar y que esté siempre ahí para nosotros; a Paul, por creer en nosotros y animarnos siempre a luchar por nuestros sueños y a ser siempre espontáneos; a Peggy, por dejarse enredar en esta locura y por todo su intenso trabajo. Un agradecimiento enorme a Peter por diseñar el libro y la espectacular cubierta; a su novia, Divya Scialo, por ayudarnos con las ilustraciones, y a nuestro amigo Adam Slama por sus fotografías tan bonitas de los polos.

Un enorme gracias a Simon y Ros por ayudarnos a instalar Ice Kitchen en su casa el año pasado y hacer que todo esto fuese posible, además de proporcionarnos cajas y cajas de frutas.

Un agradecimiento especial a Sybil por su espíritu generoso; a Tom por la página web; a Chantal por sus sólidos consejos, y a nuestras familias, Gemma y Terry por ser los conejillos de Indias con los polos incluso cuando no quedaban demasiado buenos y decidíamos no incluirlos en el libro. Gracias a todos por vuestro amor y apoyo.